Filosofia del suca

Protagonisti del Dialogo

IO, cioè Francesco Bozzi, autore di Fiorello e scrittore.

DIEGO, filosofo e docente universitario.

CARLO, bolognese purosangue e dirigente psicologo della polizia di stato.

SILIO, vicequestore della polizia di stato e criminologo, nonché mio fratello.

VALERIO, architetto palermitano, musicista e padrino di mia figlia Carlotta.

Ogni anno a settembre un gruppo di amici provenienti da diverse parti d'Italia si riunisce a Terrasini, vicino Palermo, per trascorrere qualche giorno fra tennis, mare, battute di pesca e accese conversazioni; il tutto innaffiato da ottimi vini e cibo sopraffino.

Abbiamo battezzato questo consesso *I Vespri siciliani*.

I nostri *Vespri* sono un misto tra una riunione di condominio, il *Decamerone*, fortunatamente senza peste, e i dialoghi platonici (Boccaccio e Platone hanno ovviamente diritto di querela). Durante questi consessi, specie con l'aiuto del vino, a volte è possibile sentirsi un novello Gorgia da Lentini o un Empedocle di Agrigento.

Molte sono le conversazioni che non è strettamente necessario lasciare ai posteri (che ringraziano). Una, invece, avvenuta durante uno degli ultimi *Vespri*, merita un suo posto nella storia del pensiero filosofico. Perché quasi per caso, in questa occasione, è emerso quello che per molti siciliani, palermitani in particolare, è l'essenza stessa della nostra esistenza.

Si tratta di una parola soltanto; un verbo con valore esortativo, per l'esattezza. Ma la sua semplicità non tragga in inganno: questo termine apre infatti un sistema di significati insospettato e profondo, poiché racchiude, custodisce e rivela, come un vero e proprio messaggio in codice, la memoria collettiva di migliaia di generazioni di abitanti dell'isola.

Questa parola è *suca*.

Nel corso del dialogo filosofico che, con la massima fedeltà concessa dal tasso alcolemico, troverete riportato in queste pagine, sono emerse alcune cose che io stesso non sapevo di sapere (e che in alcuni casi avrei volentieri continuato a ignorare), ma che sono state elaborate nella consapevolezza collettiva. Grazie ai miei cari amici e commensali, grazie alla maieutica socratica, ma soprattutto grazie al *suca*.

Terrasini, 20 settembre ore 18.47

Seduto sul terrazzo di casa mia sono intento a sgusciare dei magnifici gamberoni destinati alla cena, quando i miei ospiti rientrano da una lunga visita alla città di Palermo.

«Guardate che meraviglia... appena presi dal mio *pusher*» li accolgo, accennando alla cassa piena di gamberoni.

«Che roba è?» chiede il filosofo, mentre gli altri due si avvicinano, circondando incuriositi il tavolo.

«Si chiamano gamberoni» rispondo.

«In effetti mi sembrava di averli già visti da qualche parte» commenta sottovoce lo psicologo.

«Certo, nel Reno a Bologna... mangia i tortellini che è meglio» replica ridendo l'architetto.

«Valerio, non nominare il nome del tortellino invano.»

«Però Valerio ha ragione» puntualizza Diego. «Non fai altro che mangiare caponate e cannoli, stamattina pure a colazione, ti ho visto.»

«Il mio è solo il tentativo antropologico di capire meglio la vostra cultura e approfondire le vostre usanze culinarie» ribatte lo psicologo, sfiorando con la punta del dito uno dei gamberoni.

«Non approfondire troppo sennò il tuo colesterolo fugge all'estero insieme ai cervelli» commento senza smettere di sgusciare i gamberoni.

«A proposito di cervelli in fuga, dov'è andato a finire tuo fratello?» chiede Diego.

«Caro il mio filosofo, è in missione per conto di Dio, cioè a prendere i vini, che sono al momento la cosa più importante.»

«Ma si possono mangiare crudi?» domanda Carlo, sollevando un gamberone con la punta delle dita.

«No, li sto sgusciando per hobby... il gamberone è nato per essere mangiato crudo! Non avere paura, non mordono» aggiungo rivolto a Diego, invitandolo ad avvicinarsi per guardare meglio. «Perlomeno non più.»

«Non ho paura, ma sono enormi, quanti sono?»

«Qualche chilo, dopo aver mangiato una trentina di gamberoni a testa si sta molto meglio... un po' crudi e un po' sul fuoco. Guardate il colore, purtroppo sono freschi.» Li ammonisco severo, brandendo un gamberone: «Fatemi una cortesia, o vi sedete o vi allontanate, così vicini mi mettete ansia e mi sembrate delle guardie svizzere».

Obbedendo all'invito, Diego prende posto su una sdraio, mentre Carlo e Valerio si appoggiano al parapetto soffermandosi a guardare l'arco ancora azzurro e teso del golfo di Castellammare.

«Ma parliamo di cose serie, chi va a prendere le granite? Io devo finire di pulire i gamberoni.»

«Se vuoi vado io a piedi in paese» si offre il filosofo, alzandosi dalla sdraio.

«A piedi?» domando, mentre sia io sia Valerio posiamo sul filosofo uno sguardo diffidente.

«Oddio, non mi guardate così, vorrei fare una passeggiata per digerire gli arancini, tutto qui.»

Improvvisamente il silenzio sulla terrazza si fa irreale e il mio sguardo glaciale incrocia quello di Valerio.

«Cos'è che hai detto?» scandisco, facendo cadere un gamberone sul tavolo.

«Che vorrei fare una passeggiata... per digerire...» balbetta il filosofo.

«No, *dopo*» incalzo.

«Per digerire... gli arancini.»

«Aaaahhh... avevo sentito bene!» esclamo, colpendomi la fronte col dorso della mano. «Tutta colpa di Camilleri, con gli *innominabili* di Montalbano.»

«Scusate, ma che ho detto?»

«Hai detto ARANCIN... con la I alla fine, non riesco neanche a pronunciarla per intero... Valerio continua tu, io non ce la faccio ad andare avanti.»

«Si chiamano ARANCINE» sillaba con umiltà pedagogica l'architetto.

«Devi sapere che ogni volta che qualcuno pronuncia la parola ARANCINO o ARANCINI da qualche parte nel mondo un palermitano muore» spiego, guardando il filosofo diritto negli occhi.

«Allora anche io ho fatto una strage di palermitani» commenta Carlo, uscendo dalla cucina dove era sparito per un tempo sospetto. Infatti ha la bocca piena. «Buonissimo questo pane con il sesamo...»

«È pane fatto con farina di rimacino, una cosa come questa voi a Bologna ve la sognate» chiarisco.

«Comunque, ricordatevi si chiama ARANCINAAAA!!!» urla l'architetto. «È fatta a mo' di arancia, quindi si chiama arancina. Magari da altre parti mangiano gli alberi d'arancio, ma noi a Palermo ancora no.»

«Non volevo offendervi, però avete fatto bene a dirmelo» si scusa sorridendo Diego.

«Ecco, bravo, non lo fare mai più. Facciamo così, voi due andate al Friend's a prendere la granita... con l'auto» sottolineo «... mentre il filosofo resta qui a farmi compagnia.»

«Va bene, allora prendo gusto mango e

mandarino tardivo di Ciaculli!» annuncia Valerio e se ne va assieme a Carlo lasciando me e Diego da soli sul terrazzo.

«Allora, caro il mio filosofo, che cosa vi ha fatto vedere mio fratello a Palermo?» domando, restando concentrato sulla pulizia dei gamberi.

«A giudicare dallo stato dei miei piedi credo di avere visto troppo. Ma davvero non posso aiutarti a pulirli?» chiede avvicinandosi al tavolo con le mani sui fianchi.

«A occhio e croce non mi sembri in grado.»

«E perché?»

«Sei biondo e con gli occhi azzurri.»

«E questo che c'entra?»

«Non hai il fisico, fidati, e poi sono lavori sporchi e ogni tanto ne mangio uno crudo» dico infilandomi velocemente un gambero in bocca. «Fare una cosa del genere davanti a un mare così non ha prezzo.»

«Devo ammettere che è uno dei tramonti più belli che abbia visto» commenta Diego, girandosi mani in tasca a osservare il mare, mentre la palla infuocata del sole si insacca tra le nuvole sulla linea dell'orizzonte.

«Quella di fronte a te è San Vito Lo Capo» spiego, indicando con un gambero l'altra parte del golfo.

«Come filosofo, ogni volta la visione di una distanza marina come questa mi fa pensare all'imperturbabile serenità descritta da Epicuro e Lucrezio» commenta a bassa voce e con espressione assorta Diego...

«In che senso?» chiedo, incuriosito.

«Nel senso che per Epicuro e Lucrezio» spiega a voce più alta «il piacere coincide con l'assenza dei turbamenti suscitati dalle passioni e dalle paure, e proprio all'inizio del secondo libro del suo *De rerum natura* Lucrezio ricorre alla metafora di chi assiste a un naufragio rimanendo al sicuro sulla spiaggia, e del senso di piacere e sicurezza che questo spettacolo, sia pur nella sua drammaticità, suscita.»

«Come osservare un matrimonio nel duomo di Terrasini, standо comodamente seduti in uno dei bar della piazza.»

«Be', più o meno» sorride Diego. «Comunque, un rosso così intenso l'ho visto poche volte... Certo che siete fortunati a vivere qui.»

«Lo so... Comunque, fra poco il rosso sembrerà quello di un Negroni, mentre il sole sarà uguale a una fetta d'arancia nel bicchiere. Quando andiamo in gommone da Terrasini a San Vito, quasi sempre si incontrano i delfini ed è uno spettacolo vederli sfrecciare sotto la prua.»

«Ma la famosa riserva dello Zingaro dov'è?»

«Proprio di fronte a te» chiarisco «... lì a sinistra c'è Scopello, con la tonnara e i faraglioni. Domani il mare è calmo, ci andiamo in gommone, impiegheremo al massimo venti minuti.»

«Ah, sarebbe fantastico, ma sul serio, posso darti una mano?» insiste il filosofo.

«Se proprio vuoi renderti utile vai in cucina e stappa una bottiglia. Dovrebbe esserci un vino svizzero nel freezer.»

«Vino svizzero? Vado subito.»

Pochi istanti dopo arriva la sua voce dalla cucina: «Il freezer è pieno, come lo riconosco?».

«È svizzero, né bianco, né rosso, quindi neutrale.»

«Spero di non aver sbagliato» dice tornando sul terrazzo.

«Tranquillo, anche se sei un filosofo stavolta non puoi sbagliare: è l'unico rosé nel freezer, le altre bottiglie non sono vino.»

«Vedo che hai una grande considerazione dei filosofi» commenta laconico Diego.

«La stessa che ha di me mia moglie quando mi chiede quale abito le stia meglio. Forza, che cosa avete visto a Palermo?»

«Allora, Silio ha parcheggiato in via Libertà, poi siamo andati a piedi verso il teatro Massimo, poi da lì ci siamo immersi in un labirinto di vicoli fino alla cattedrale, siamo pure saliti sui tetti di alcune bellissime chiese che tuo fratello ha definito arabe, cosa che di per sé suona come un controsenso teologico e architettonico.»

«A Palermo capita, però apri la bottiglia prima che il vino diventi una tisana d'uva, il rosé mi piace ghiacciato.»

«Hai ragione, ma mi sono lasciato prendere...»

Il filosofo svita il tappo e versa una generosa cascata di rosé nei calici.

«Poi abbiamo visto il palazzo dove i re

normanni si dedicavano al piacere... ora non mi ricordo il nome.»

«La Zisa, un vero gioiello» dico sollevando il bicchiere e osservando il colore più che rosa, ambrato del vino. «L'etimologia del nome è araba: *Al Aziza*, "La Splendida". Mio fratello ti ha spiegato di come avessero inventato una sorta di aria condizionata? Erano incredibili, questi architetti arabi.»

«Sì, davvero geniali.»

«Pensa che io e mio fratello andavamo alle elementari proprio lì, vicino alla Zisa intendo, e in quegli anni il castello era in uno stato di totale abbandono, poi un giorno sono partito dalla Sicilia e...» esito.

«E che è successo?»

«Che quando sono ritornato l'ho ritrovato così, splendido per l'appunto. Una sorpresa inquietante» scuoto leggermente il capo.

«Perché inquietante?» chiede Diego, assaggiando il rosé.

«Per carità, sono contento che abbiano tentato di riportarlo agli antichi splendori, ma quello che mi turba è il cambiamento in sé e per sé.»

«E cioè?»

«Per noi siciliani il cambiamento, anche se teoricamente volto al meglio, non è una cosa particolarmente positiva.»

«Non sei favorevole alle novità e al cambiamento? Ma è inevitabile che tutto cambi. La tua mi sembra un'affermazione un po', come dire... "gattopardesca". Non sempre cambiare equivale a migliorare, ma per migliorare bisogna cambiare, lo diceva anche Winston Churchill, uno che la sapeva lunga.»

«È vero» confermo. «Un grande uomo che, negli anni Quaranta, ha salvato il mondo assieme a noi italiani.»

«Come sarebbe a dire *assieme a noi italiani*?» sorride il filosofo, poggiando il calice oramai quasi vuoto sul parapetto.

«Ti faccio notare che noi eravamo nemici degli inglesi, perlomeno all'inizio della guerra.»

«Infatti, ma se i tedeschi avessero avuto degli alleati seri, la guerra l'avrebbero vinta. Grazie a noi hanno perso, quindi abbiamo salvato il mondo.»

«Be', in effetti...» sospira Diego. «Ma torniamo alla tua avversione per il cambiamento, questo discorso mi interessa.»

«Anche se sei biondo e con gli occhi azzurri, vedo che pure il vino ti interessa» scherzo accennando al suo bicchiere e riprendendo a pulire i gamberoni. «Ma vacci piano, almeno fino a quando non arriva mio fratello coi rifornimenti. Tornando a noi, se proprio lo vuoi sapere io detesto i cambiamenti. Vuoi provare un gamberone?» chiedo forse per cambiare discorso e porgendogliene uno.

«No, grazie.»

«Ci avrei scommesso, il gamberone crudo non è da tutti e tu sei pure biondo con gli occhi azzurri.»

«Ancora con questa storia! Parliamo invece della tua avversione per il cambiamento, che mi pare molto più intrigante» esorta Diego, appoggiandosi al parapetto.

«In effetti non è una vera e propria avversione, è che noi siciliani siamo... come dire, spiazzati dal cambiamento e siamo affezionati al nostro malessere.»

«Comunque, è grazie al tuo famigerato cambiamento che Palermo è diventata più bella» obbietta. «E devo dire che in questo senso sono rimasto molto sorpreso.»

«Anche mio fratello è stato molto sorpreso, appena è sbarcato dal traghetto gli hanno fregato le borse della moto... Comunque, basta fare un giro nei posti giusti e trovi lo schifo di sempre.»

«In ogni caso i miglioramenti mi sono sembrati evidenti.»

«Silio non la pensa così, e io nemmeno.

Comunque noi siciliani siamo nati per compiangerci, per avvitarci nei nostri problemi e non per risolverli. Se ci risolvono i problemi ci tolgono il terreno da sotto i piedi e poi cosa facciamo? Di cosa ci lamentiamo? Per fortuna qui a Palermo c'è la nostra squadra di calcio, che è una fonte inesauribile di sventure.»

«Addirittura nati per lamentarvi! Comunque vi conosco oramai da tanti anni e non mi sembrate affatto così piagnucolosi, anzi...»

«È tutta colpa di questa maledetta integrazione» scuoto la testa. «Purtroppo una serie di malaugurati eventi ci hanno costretto ad abbandonare l'isola e ci siamo rassegnati all'efficienza nordica. In effetti io ho pure esagerato, ho valicato le Alpi e sono finito in "Helvetia"... È proprio vero che al peggio non c'è mai fine.»

«Quindi, riepilogando, secondo te il siciliano è contro il cambiamento e si crogiola nel suo malessere» riassume il filosofo, riavvicinandosi alla cassetta di gamberoni.

«Assolutamente sì, il cambiamento ci atterrisce, vorremmo che il futuro non esistesse, che non arrivasse mai o, per lo meno, speriamo che quando arrivi sia identico al passato e non portatore di novità, cambiamenti e soprattutto di efficienza.»

«Questa mi mancava.»

«Ti chiedo una cortesia, non camminare avanti e indietro e siediti, se no devo ogni volta girare lo sguardo per parlarti.»

«Subito! Comunque questa innata predisposizione alla sofferenza mi incuriosisce.» Così dicendo prende una sedia e si accomoda proprio davanti a me.

«È così, noi siciliani siamo felici quando soffriamo, il tormento è per noi fonte di gioia; è la stessa cosa col cibo.»

«Come col cibo? Spiegami!»

«Devi sapere che il senso di sazietà del siciliano confina, anzi sconfina nel malessere: il siciliano a tavola è felice quando sta male! Per farti capire meglio; la nostra frase tipica, con la quale vogliamo farti capire che abbiamo gradito la cena o il pranzo è questa: "*Minchia acitu, un ma firu cchiù... un mi pozzu susiri, ci 'aiu a panza china comu na vutti*". Tradotto: "Perbacco, che reflusso esofageo, non riesco a mangiare più nulla... ho mangiato così tanto da essere ancorato alla sedia e non riuscire ad alzarmi per le prossime due ore, ho la pancia piena come una botte". Il tutto detto col sorriso. Hai capito? Stiamo male, ma siamo felici.»

All'improvviso mi accorgo che il filosofo ha cominciato a fissarmi con aria preoccupata.

«Ho detto qualcosa di sbagliato?» chiedo io, stavolta.

«No, ma come fai a restare così immobile?»

«Non capisco...»

«Non hai paura delle vespe? Perché forse non te ne sei accorto, ma ne sei circondato.»

«Lo so ma per fortuna sono più attratte dai gamberoni che da me... e poi io ho questa, vuoi provare?» chiedo, prendendo dal tavolo la racchetta «ammazza-zanzare» e iniziando a rotearla come una spada.

«No grazie» commenta Diego, con aria disgustata.

«Non mi dire che sei pure animalista?»

«Pure? Perché, cos'altro sarei?»

«Salutista, biondo con gli occhi azzurri e filosofo. Non so perché, ma mi fa una certa impressione...»

«Cosa? I capelli biondi o gli occhi azzurri?»

«No, la tua professione. Fammi capire, quando qualcuno ti chiede "Che lavoro fai?", tu che cosa rispondi?»

«Il filosofo.»

«Ed è proprio adesso che il *suca* partirebbe in automatico!» dico ridendo.

«Ma perché mai dovrebbero rispondermi così?»

«Mi spiace, ma ai filosofi capita.»

«A proposito di questo *suca*» riprende Diego, versandosi un altro po' di vino. «Oggi, girando per le strade, l'ho visto scritto in tutti i colori e tutte le dimensioni sui muri, sulle saracinesche, sui vetri impolverati, praticamente ovunque. E sembravano tutti scritti da te.»

«Magari, ma non è così. Ogni volta che vedo dei *suca* scritti sui muri, penso a Riccardo Cocciante.»

«Perché mai?»

«Hai presente la canzone *Margherita*? E coi secchi di vernice dipingiamo tutti i muri... Ecco, io, al posto di Cocciante, avrei scritto solo dei *suca*. Poi Margherita mi avrebbe mandato a quel paese, ma ne sarebbe valsa la pena.»

«Non mi far ridere. L'unica cosa certa è che se lo scrivete dappertutto e in una maniera così ossessiva, questo *suca* dev'essere per voi una parola molto importante» commenta con improvvisa serietà Diego.

Con la coda dell'occhio mi accorgo del suo mutamento di espressione, e sospiro: «Forza filosofo, ti conosco, cosa vuoi sapere?».

«Cos'è per voi questo *suca*, che cosa rappresenta?» domanda solenne Diego.

«Il *suca*?» chiedo sorpreso, ma continuando a pulire i gamberi. «È semplicemente la nostra filosofia.»

«Be', sono un filosofo, come hai simpaticamente sottolineato almeno una decina di volte, e quindi la filosofia di un popolo straordinario come il vostro non può che intrigarmi» dichiara concentrato. «Forza, spiegami.»

«Oddio, ho la sensazione di essermi messo nei guai» sussurro mettendo i gamberoni sgocciolanti e già sgusciati in una grande ciotola bianca. «Un filosofo che ti guarda così è peggio di uno sbirro.»

«In un certo senso è vero. Qualcuno ha scritto che chi nasce in quest'isola è per forza di cose un filosofo, quindi procediamo: cosa è per voi siciliani questo famoso *suca*?» incalza.

Sospendo per un attimo la pulizia dei gamberi, un chiaro sintomo che la situazione è diventata seria, e fisso davanti a me un punto nel vuoto.

«In effetti non ci ho mai pensato. Anzi credo che nessun siciliano ci abbia mai pensato.»

«Su, cerca di farmi capire.»

«*Capire* è una parola grossa. Per capire il *suca* devi essere nato qui, il *suca* lo devi respirare fin da bambino. Ricordo come se fosse ieri... la prima volta.»

«La prima volta che l'hai sentito, immagino, raccontami» esorta Diego con un ampio gesto.

«Avrò avuto quattro o cinque anni ed ero a Palermo al mercato di via Montalbo con mia madre, che mi teneva per la mano. Improvvisamente un urlo fece breccia fra le grida dei venditori che *vanniavano*.»

«*Vanniavano*?»

«La *vanniata* è il tipico urlo del venditore dei mercati siciliani, sembrano canti arabi. Comunque, quell'urlo che sentivo era il pescivendolo che chiamava il figlio: "*Mieloooo!*" che è il diminutivo di Carmelo. Al terzo "*Mieloooooo!*" seguì un fortissimo "*Sucaaaa!*" gridato dal fruttivendolo di fronte.»

«E che successe dopo?»

«Tutti si misero a ridere e così feci anch'io: anche se allora non capivo bene il perché, sentivo ch'era una cosa giusta.»

«Lo hai sentito dentro di te, mi pare di capire...» sottolinea il filosofo, mostrandosi sempre più interessato.

«Sì, come una profonda vibrazione. E fu

proprio allora che realizzai che il *suca* era dispensatore di gioia, felicità e benessere, e fu così che il *suca* entrò ufficialmente a far parte della mia vita.»

«Una sorta di rito iniziatico, quindi. Ma sono ancora confuso, prova a essere più preciso: cosa è per voi realmente questo *suca*?»

«In effetti più che capire cosa sia, credo che sia più importante capire quando lo si può usare.»

«E cioè, quando?»

«Sempre... Tornando alla tua domanda e ripescando tra le mie nozioni scolastiche, il *suca* mi ricorda sant'Agostino.»

«*Suca* e sant'Agostino, non ti sembra un po' blasfemo?»

«Assolutamente no. Sant'Agostino diceva: "Se non mi chiedono cos'è il tempo, io lo so. Se me lo chiedono, non lo so più". Ecco, per noi siciliani con il *suca* succede la stessa cosa.»

«Allora è proprio vero che siete filosofi» sorride Diego. «La cosa si fa sempre più affascinante, procedi.»

«Eh, una parola... così su due piedi e coi gamberi tra le mani non posso dirti cos'è il *suca*, al massimo posso dirti cosa non è.»

«Benissimo, dunque un approccio scettico» annuisce lui soddisfatto. Poi, vedendo il mio sguardo dubbioso (e forse anche scettico) specifica: «L'atteggiamento filosofico di chi esclude la possibilità di una conoscenza assoluta e di conseguenza il raggiungimento della verità, una scuola che si fa risalire a Pirrone di Elide...».

Mi guarda annuire, inorgoglito della sua capacità didattica.

«Pirrone di Elide è un nome che mi suona familiare» dico.

«Dagli studi del liceo?»

«Il signor Pirrone era l'assicuratore di mia madre. Elide una mia zia di Rapallo.»

«Anche una zona del Peloponneso occidentale...» sospira, senza più ombra di soddisfazione.

«È bello avere una zia del Peloponneso occidentale e un assicuratore scettico.»

«Ma non cambiare discorso» continua Diego, incoraggiando la discussione con un morbido gesto della mano. «Perché mi sembra che ci siano più *suca* in cielo e in terra di quanti non possa immaginarne la mia filosofia...»

«Diciamo subito che il *suca* non è un volgare incitamento a un atto sessuale» esordisco brandendo un gamberone e ormai entrato nello spirito didattico. «Niente a che vedere con il goliardico *socmel* bolognese, per esempio, queste amenità lasciamole a Carlo. Il *suca* non è quasi mai un'offesa, con un *suca* non offendi nessuno in particolare, anzi con il *suca* vanifichi all'istante ogni potenziale conflitto. Il *suca* non è folklore, per carità, non è neanche un intercalare ossessivo come il *minchia*, il *mentu-*

la latino... e potrei continuare. La verità è che per noi il *suca* ha un senso talmente vasto che non ha bisogno di averne uno specifico...»

«Mi sembrano eccellenti premesse concettuali» considera Diego, dando un lungo e anche rumoroso sorso al rosé. «Detta così mi viene subito in mente Kant e la sua *Ding an sich*, la cosa in sé, che è inconoscibile...»

«La *Ding an such* in questo caso, come sai conosco il tedesco perché ho sposato una svizzera.»

«E allora, riprendendo il grande Kant, proviamo a rispondere alle tre fondamentali domande della sua filosofia, che pur essendo intimamente illuministica pone le basi per lo sviluppo dell'idealismo tedesco.»

«Speravo che lo dicessi... Mi chiedevo: cosa aspetta a parlare delle tre fondamentali domande della filosofia di Kant? Ma quali sono?»

«Che cosa posso sapere? Che cosa debbo fare? Che cosa ho diritto di sperare?»

«A Terrasini se non fai al cameriere almeno due delle tre domande di Kant non ti fanno neanche sedere al bar Friend's. Comunque, ritornando alle tre domande di Kant sul *suca*; che cosa posso sapere? Nulla! Che cosa debbo fare? Nulla! Che cosa ho diritto di sperare? Nulla! E il dibattito è chiuso.»

«Allora, se Kant non ci aiuta, dobbiamo procedere con ordine, seguendo il metodo cartesiano» dice Diego in tono paziente.

«Cartesio? Quello del *Cogito ergo suca*?»

«*Cogito ergo sum*, sì, insomma lui» sorride il filosofo ma riprendendo con piglio indagatore. «Proviamo a elencare le evidenze del *suca*...»

«Che sarebbero adesso, queste evidenze?» chiedo gettando gli scarti dei gamberi in un sacchetto di plastica spalancato e circondato da una nuvola di vespe.

«Le evidenze filosofiche sono quelle che definiscono con chiarezza l'oggetto, in modo tale che non possa essere confuso con qualcos'altro. Secondo Platone discendevano direttamente dal mondo delle idee contrapponendosi alla vaghezza ingannatrice delle opinioni. Aristotele, che come sai era molto più concreto, le faceva coincidere coi principi razionali, tipo il principio di non contraddittorietà e del terzo escluso... Forza, quindi, quali sono le evidenze del *suca*?»

«Ah, sono queste le evidenze, temevo peggio...» commento grattandomi la tempia con il mignolo teso. «Vediamo, iniziamo col dire che il *suca* lo trovi ovunque, ma soprattutto dove meno te lo aspetti: scritto accanto a una frase d'amore su un muro, sopra la foto di un candidato sindaco o più semplicemente in mezzo al nulla, togliendo la polvere con il dito. Altra evidenza: la grafia sembra sempre la stessa, come se a scriverlo fosse sempre la stessa persona, intendo. Nessuno, oltretutto, ha mai visto qualcun altro mentre lo scriveva, mai. La flagranza è incompatibile col *suca*. Andiamo avanti: se cancelli un *suca*, il giorno successivo lui ricompare lì vicino, beffardo e invincibile, come fosse dotato di una intelligenza propria; il *suca* è una specie di scherzo ma con lui non si può scherzare. Altra evidenza: non esistono e non sono mai esistiti due *suca* vicini, scritti uno accanto all'altro, intendo: dove c'è un *suca*, quasi per un patto segreto, il secondo e ignoto autore, ammesso e non concesso che ne esistano due diversi, si tiene alla larga e mantiene le distanze... Diciamo che, come i lupi, il *suca* ha il suo territorio.»

«Un atto sacro e solitario...» commenta Diego, pensoso.

«Veramente un atto sacro e solitario a me fa pensare a qualcos'altro.»

«Vabbè, sorvoliamo che è meglio» mi

consiglia Diego. «E passiamo a un'analisi antinomica...»

«Ma mi hai preso per Cacciari? Sono un autore comico che cerca di preparare la cena per una truppa di affamati, e adesso cos'è un'analisi antinomica?»

«Tranquillo, è stato Kant il primo ad applicare la parola antinomia nel linguaggio filosofico» mi spiega Diego, convinto chissà perché che la menzione di Kant mi rassicuri.

«Ancora lui, quello della *Critica della ragion suca*?»

«Insomma, era *ragion pura* veramente... ma sì, proprio lui. Nel nostro caso l'antinomia è un tentativo di analizzare un concetto attraverso l'uso di paradossi, cioè la contemporanea presenza di due affermazioni apparentemente contraddittorie.»

«Adesso comincio a capire cos'è la maieutica, quanto fosse rompipalle Socrate e soprattutto perché lo abbiano fatto fuori.»

Diego scoppia a ridere. «Visto che stasera cucini tu, non vorrei fare la stessa fine...» commenta.

«Stai tranquillo, non sciupo questo ben di Dio per avvelenare un filosofo biondo e con gli occhi azzurri. E poi in fondo mi sto divertendo, con tutte queste domande stai tirando fuori quello che io stesso non sapevo di sapere, o sapevo di non sapere, boh è lo stesso. Antinomie, vediamo un po'... in fondo è una specie di gioco degli opposti. Cominciamo con questo, allora: il *suca* per noi è tutto e niente, è decisivo ma anche inutile, è osceno ma allo stesso tempo candido, è un atto pubblico ma anche intimamente privato, il *suca* nello stesso istante apre e chiude un discorso, dove c'è un *suca* c'è speranza proprio perché esclude ogni speranza, se vuoi continuo...»

«Direi che per il momento può bastare. Adesso dimmi al volo un libro che istintivamente associ o in qualche modo puoi ricollegare al *suca*?»

«E ti pare una domanda da fare a uno che sta pulendo i gamberi? Fammi pensare... mah, direi *Il caso e la necessità*.»

«Ah, il famoso libro di Jacques Monod, il premio Nobel per la Biologia.»

«Esatto. Lo lessi da ragazzo perché era nella libreria di mio padre e mi piaceva il titolo, anche perché non lo capivo.»

«E quale sarebbe il collegamento tra il *suca* e *Il caso e la necessità*?»

«Semplice: il *suca* lo metti a caso, cioè dove capita, e lo fai spinto dalla necessità, una necessità irrefrenabile.»

«Addirittura irrefrenabile?»

«Sì, il *suca* si scrive come in preda a una maledizione, o a una benedizione, dipende dai punti di vista. Per farti capire meglio ti faccio un esempio: noi palermitani aspettiamo con ansia che nevichi non per ammirare bellezza di un paesaggio innevato, cosa che dopo qualche minuto ci lascia per lo più indifferenti, ma solo per poter scrivere un *suca* sulla neve. Quando qualche anno fa nevicò a Palermo la città era piena di *suca*. Non hai idea di quanti se ne siano sciolti quando è arrivato il sole... Avevamo il *suca* di cittadinanza.»

«Il *suca* sacrificato a una divinità solare, quindi...» considera Diego, quasi stesse prendendo mentalmente appunti.

«Esatto, qualcosa di sacro e profano, noi palermitani siamo proprio così, e il *suca* è il nostro Verbo» cerco di spiegare, dando finalmente anch'io una lunga sorsata al rosé svizzero, per poi riprendere in tono ispirato: «Davanti a qualsiasi forma di bellezza il *suca* ha il sopravvento, in quanto è per noi la sintesi suprema di ogni senso».

«Il *suca* primeggia sempre, dunque, autosufficiente e perfetto come una monade di Leibniz...» considera il filosofo.

«La monade, quella che per Leibniz non ha porte né finestre?»

«Esatto. Per Leibniz, il genio totale del Seicento, la monade rappresenta l'elemento spirituale e indivisibile della realtà, un'entità perfetta e compiuta che ha in se stessa il proprio fine...»

«Come il *suca* per l'appunto» annuisco, ma la trattazione si è fatta troppo astratta per i miei gusti. «Ti faccio un esempio concreto, per farti capire meglio come il *suca* rappresenti per noi una tentazione irresistibile, almeno come una monade per Leibniz. Una volta un mio caro amico, Fabrizio Madonia, uno stimato ingegnere aeronautico, andò in Cina e, fra le tante cose, visitò a Xi'an il famoso esercito di terracotta costruito per proteggere il mausoleo del primo imperatore cinese: Qin Shi Huang.»

«L'armata di terracotta con la quale il primo imperatore cinese voleva conquistare anche l'aldilà! E che fece lo stimato ingegnere a Xi'an?» chiede Diego.

«Ecco, davanti a quella meraviglia il mio amico non ha avuto alcuna esitazione; visto che il terreno su cui camminavano era sabbioso, per prima cosa ha scritto con la punta del piede un bel *suca* sulla sabbia, e solo dopo si dedicò alla contemplazione dell'esercito di terracotta.»

«Quindi mi vuoi far intendere che se in un museo fossero esposti un quadro di Caravaggio e una tela con un *suca* dipinto sopra, un palermitano andrebbe istintivamente verso la tela con il *suca*?»

«Non c'è alcun dubbio, anche se davanti all'altro quadro ci fosse Caravaggio in persona che ti spiega il suo dipinto, vedresti file di palermitani in fila a farsi i selfie davanti al *suca*... Anzi a Caravaggio chiederebbero emozionati: "Maestro, non è che ci scatterebbe una foto col *suca*?".»

«Mi stai dicendo che addirittura voi vi emozionate per un *suca*?»

«Certo che ci emoziona! Il *suca* è qualcosa di astratto, metafisico, perfetto, si vede, quindi esiste, eppure non puoi toccarlo… insomma è la nostra monade, qualcosa che è dentro ma anche al di sopra di tutto.»

«A Palermo ho visto dei *suca* solitari scritti nei posti e nei modi più improbabili» m'interrompe Diego. «Uno addirittura sotto un cornicione a dieci metri di altezza. Che cosa può spingere un palermitano a rischiare la vita, pur di scrivere un *suca* così in alto?» chiede.

«Che cosa ha spinto Amundsen, Scott e Shackleton a rischiare la vita per raggiungere una terra inutile e inospitale come il Polo Sud? Be', per noi è praticamente lo stesso, è una cosa che deve essere fatta e basta, un impulso ineludibile, come ho detto prima. Scrivere *suca* nei luoghi più impensati è come piantare una bandierina personale su un pianeta sconosciuto...»

«Come un Neil Armstrong palermitano» commenta Diego, divertito.

«Un piccolo passo per un uomo, un grande *suca* per l'umanità... Comunque il *suca* ci provoca in ogni caso una gioia misteriosa, da eterno fanciullo onnipotente, ma in particolare quello solitario rappresenta il nostro nirvana.»

«Tutti questi *suca* sui muri mi ricordano Banksy, per l'identità misteriosa dell'autore.»

«In un certo senso sì. Direi che si può parlare di un misto fra Banksy e anche Andy Warhol per la ripetizione ossessiva dello stesso soggetto. Il *suca* è l'apoteosi dell'arte contemporanea... e nonostante gli street writer provino a sradicarlo e rimuoverlo dalle coscienze, il *suca* resiste stoicamente come Leonida alle Termopili.»

«La trovo una considerazione pertinente... E mi sembra anche di capire che per voi il *suca* si pone, alla maniera di Nietzsche, al di sopra del bene e del male!» osserva a bassa voce il filosofo. Poi, all'improvviso, posa il bicchiere vuoto sul pavimento, si alza dalla sedia e torna ad appoggiarsi alla balaustra per ammirare con aria assorta il colore viola dell'immensità marina. «Una manifestazione di scetticismo supremo e semidivino, quindi» mormora, quasi parlando con se stesso. «Che strano. Più informazioni vado apprendendo più il *suca* diventa sfuggente e misterioso, beffardo e astratto, profondamente antiretorico, pare assumere una dimensione mitica, anzi metafisica...»

«È proprio per questo che il palermitano si identifica col *suca* e non riesce a farne a meno» dico, prendendo a piene mani altri gamberoni sgocciolanti dalla cassetta e lasciandoli cadere fragorosamente sul piano di marmo. «Siamo talmente pessimisti da ignorare il pessimismo stesso e tutto questo proprio grazie al *suca*. Ai siciliani non è mai piaciuto ciò che è definito, concreto, reversibile, anche con l'uso dei tempi siamo scarsamente contemporanei e abbiamo dei seri problemi.»

«Con l'uso dei tempi in che senso?» chiede voltandosi di scatto, sorpreso da questa nuova rivelazione.

«Ti faccio un esempio che abbiamo pure fatto in teatro. Se un siciliano sente lo schianto di un incidente fra due auto, non dice "Che è successo?" ma "*Chi ci fu?*". Usa il passato remoto per una cosa che è appena successa. Se deve dire "La settimana prossima andrò a Zurigo", dirà "*A simana prossima vaiu a Zurigu*", usa il presente... Noi siciliani siamo senza futuro.»

«Però... originale. Sai che, ingenuamente, avrei detto che il *suca* fosse un atto di ribellione del singolo contro il potere, riconducibile al susseguirsi delle dominazioni storiche...»

«A noi del potere non interessa niente, lo subiamo senza tante storie, come se non ci riguardasse. Semmai *suca* è un contropotere, anzi un sovrapotere, con un *suca* ti poni al di sopra dei rapporti di forza, è un atto di superiorità metafisica, come dite voi filosofi, che mette la parola fine a ogni dubbio o discussione e in più ci fa ridere.»

«Magari però, specie ai giorni nostri, il *suca* potrebbe anche assumere il significato di una protesta sociale» insiste lui.

«Protesta sociale? Anche se non si può dire, a noi siciliani e palermitani in particolare, del sociale non è mai fregato niente, per noi l'individualità è una specie di tempio sacro e inviolabile.»

«Questo richiamo all'individualismo mi pare tipicamente nietzschiano, come il maestro scriveva nel *Crepuscolo degli idoli*: "Tutto ciò che non mi uccide, mi rende più forte".»

«La versione corretta è "Quello che non mi uccide, *me la suca*", che è ancora meglio.»

«E perché sarebbe meglio?»

«Perché dall'idea di superiorità potrebbe scaturire la tentazione di agire, il *suca* invece è dominato da un senso di profonda inerzia, di assoluta inoperosità.»

«Quindi mi stai dicendo che il *suca* non è un invito all'azione?»

«Esattamente il contrario, è proprio un esplicito invito all'inazione, anzi è qualcosa che esprime l'inutilità di ogni azione.»

«Come il *wu wei* del Tao!» esclama Diego, come folgorato da una rivelazione.

«Sembra una marca di cellulari... e ora cosa sarebbe 'sto *wu wei*?» chiedo.

«Il significato letterale è "non azione", lo scopo del *wu wei* è il mantenimento di una perfetta armonia attraverso il Tao, la Via cosmica e universale, il cui concetto fondamentale è l'alternanza e l'equilibrio tra *yin* e *yang*, la principale corrente filosofica del millenario pensiero cinese, che sfugge a qualsiasi tipo di definizione ed è superiore a qualsiasi insegnamento umano.»

«Proprio come il *suca*, se ci pensi, che a quanto pare unisce la filosofia occidentale a quella orientale. Ma dimmi, filosofo, adesso pensi di avere le idee più chiare o no?»

«Ti confesso di essere un po' frastornato, ma nel complesso sì, ho idee decisamente più chiare... Ho capito che per voi il *suca* ha un potente valore identitario, è un modo segreto e sfacciato di comunicare in codice, con modalità iniziatiche direi, una serie di valori o metavalori condivisi...»

«Non ho capito quasi niente, ma credo che quello che dici sia giusto... Ma se proprio vogliamo parlare di codici, allora diciamo che il nostro codice identificativo può essere l'800A. Le hai viste le scritte 800A sui muri?»

«Ah, sì sì, e pure tante... A dire il vero

pensavo che 800A fosse il nome di un gruppo musicale; non so perché, ma mi ero fatto questa idea.»

«Non sarebbe male! Me li immagino a Sanremo, con Amadeus che li presenta: "E ora sul palco dell'Ariston, con il brano *Sucaforte*, gli 800A, dirige l'orchestra il maestro Beppe Vessicchio"... Anzi, visto che siamo in Sicilia, Beppe Vesticchio» prendo l'ennesimo gamberone, ridendo grassamente e vergognandomi un po' per la battutaccia.

«Però adesso che c'entra la scritta 800A?»

«Il discorso è semplice: dove il *suca* di per sé venga ritenuto volgare o fuori luogo, lo si trasforma con un minimo sforzo in 800A. È un tragicomico tentativo di riportare l'ordine e il decoro sociale attraverso un semplice stratagemma grafico. Per fare questo a Palermo ti addestrano fin da bambino, come quando alle elementari fai il dettato e tu scrivi senza farti domande. Io non ricordo nemmeno chi me lo insegnò. Pensa, mi ricordo chi mi insegnò a nuotare, ma non chi mi insegnò a fare l'800A.»

«Spiegami, sono curioso» insiste il filosofo.

«Il meccanismo è semplice, prendi la penna o un pennello, fai diventare la S un 8, la U e la C le trasformi in due 0... Solo la lettera A resta invariata... così alla fine otterrai un bell'800A.»

«*Eadem mutata resurgo*!» esclama Diego, che per la prima volta non riesce a frenare l'entusiasmo. «"Uguale o diversa risorgo", come la spirale logaritmica del formidabile matematico svizzero Bernoulli, che se lo fece incidere pure sulla tomba, oppure "Continuamente mutato rinasce", questa volta con significato alchemico... davvero proteiforme questo *suca*, adesso ha improvvisamente assunto un significato esoterico e perfino protomassonico!»

«E forse non è un caso che Giuseppe Balsamo ovvero il conte di Cagliostro sia nato proprio a Palermo» commento soddisfatto. «E magari proprio grazie al *suca* e all'800A è diventato il più grande mago e occultista d'Europa. Tornando a noi, in definitiva ormai scrivere 800A equivale a scrivere *suca.*»

«Il siciliano in fondo è un po' come re Mida, tutto quello che tocca lo trasforma in *suca.*»

«Vedo che piano piano ti stai avvicinando, complimenti filosofo» sottolineo compiaciuto.

«Comunque questo codice alfanumerico 800A mi piace molto» annuisce Diego. «Lo voglio usare come password del cellulare.»

«Ok, ma se un palermitano te lo ruba sei fottuto, la prima password che prova è *suca*, la seconda 800A.»

«Tanto non ho nulla da nascondere.»

«Dicono tutti così. Ma questa dell'800A è una cosa tipicamente palermitana. Infatti, quando su un muro di una città che non sia Palermo vedi un 800A, capisci subito che da lì è passato un palermitano e vai a cercarlo sperando che sia ancora nei paraggi.»

«Un po' come il Pentalfa per i pitagorici!»

«Del Pentalfa pitagorico parlavo proprio ieri col fruttivendolo del corso di Terrasini, il signor Zingales» affermo serissimo.

«Colgo una vena di ironia nelle tue parole. Ma a questo punto ti faccio un esempio più semplice; l'800A può essere per i palermitani ciò che il pesce rappresentava per i protocristani.»

«Il pesce? Direi che siamo in argomento» commento perplesso.

«Sì, per riconoscersi fra loro, visto che erano perseguitati, i cristiani disegnavano un pesce per terra» risponde il filosofo

«E come mai un pesce?»

«Perché pesce in greco si dice ICTYS. Ed era l'acronimo di Iesus Christos Theou Yios

Soter, che significa: Gesù Cristo Figlio di Dio Salvatore.»

«Bella questa, non la sapevo. Allora, io faccio un largo uso degli acronimi usando il *suca*, quindi sono un *protosuca.*»

Diego scoppia a ridere: «E quali sarebbero gli acronimi che fai col *suca*? Sono curioso».

«Ah, c'è l'imbarazzo della scelta. Sei Un Caro Amico, Sei Un Comico Arguto, Stiamo Uniti Centrocampo Attacco... Fino a quello che mando al mio commercialista quando mi chiede di pagare l'anticipo IVA: Sei Un Commercialista Accanito.»

«Solo ora capisco perché per mio compleanno, mi hai scritto 800Auguri! Per tacere di BUONA PASUQA...»

«Variazioni sul tema...»

«Mi pare di aver capito che il *suca* vive perfettamente in una doppia forma, scritta e orale...»

«È vero, il *suca* è anfibio e in tutte e due

le forme ha un'identica efficacia, anche se nell'orale a dire il vero è preferibile indugiare sulla U...»

«Come fanno i lupi sotto la luna.»

«Sì, il *suca* è una specie di licantropia sicula. Comunque, sono certo che anche se finisse il mondo a causa di una guerra nucleare, in mezzo alle macerie, su un pezzo di muro annerito, si leggerà un brandello di *suca* o un 800A e allora qualcuno capirà che in qualche modo ancora una volta noi siciliani abbiamo vinto. O almeno non abbiamo perso.»

«Una specie di immobilità purificatrice parmenidea, fantastico!» proclama Diego. «Chi l'avrebbe mai detto?»

«Io no di sicuro. Un *suca* parmenideo?»

«Sì, certo, relativo a Parmenide di Elea, il filosofo dell'essere statico e immutabile contrapposto a Eraclito, quello del *panta rei*, "tutto scorre".»

«*Panta suca*! Immagino che anche Elea sia nel Peloponneso occidentale.»

«No, vicino Salerno.»

«Un terrone come me! Ma che diceva esattamente 'sto Parmenide?»

«In sintesi, per Parmenide il vero problema non era quello di scoprire da cosa avesse avuto origine il tutto, ma piuttosto che cosa fosse il tutto. Per Parmenide l'essere è e non può non essere.»

«Ma cosa vuoi che sia il tutto? Il tutto è *suca*! E il *suca* è e non può non essere. Certo che 'sti filosofi stavano sempre a pensare.»

«Ma cosa sarebbe stato della nostra società senza l'apporto di queste grandi menti? Senza la filosofia saremmo indietro di secoli.»

«Adesso non esageriamo. Basta anche meno. Puoi ragionare finché vuoi di filosofia, di religione, di storia, di politica, ma può bastare anche un *suca* ad avvicinare le genti.»

«Il *suca* che avvicina le genti?»

«Certo. Per esempio io riesco a mantenere amicizie decennali solo con il *suca*.»

«E come?»

«Basta mandare ogni tanto un messaggio con un *suca* e la gente si commuove, sente l'affetto. Questo è possibile solo grazie al potere del *suca*, che ci rende liberi.»

«Vi rende liberi da cosa, scusa?»

«Vedi, come ti ho accennato prima, il *suca* non è solo un "me ne fotto" indolente e canzonatorio, che puoi trovare anche in altre espressioni dialettali, è qualcosa di profondamente diverso.»

«E cioè?»

«Cioè esprime l'idea che niente e nessuno ha potere su di me, né mai lo ha avuto» spiego con improvvisa e quasi involontaria serietà. «E questo per il solo fatto di essere nato nell'Isola, l'Isola con la I maiuscola, intendo. Tanto è vero che basta essere nati nel posto più vicino alla Sicilia, ma non in Sicilia, per esempio a Villa San Giovanni in Calabria, da dove la Sicilia si vede benissimo, perché il *suca* non esista, non sia mai esistito e la sua stessa necessità sparisca come acqua nella sabbia – bella questa, mi è venuta così...»

«Fantastico, una specie di *sinecura* etica...»

«Io provo a starti dietro ma tu rilanci sempre; ti avviso che tra poco ho esaurito tutti i vocaboli colti che conoscevo! E adesso cos'è 'sta *sinecura*?»

«L'assegnazione di un beneficio ecclesiastico a cui non si accompagnava il bisogno di curarsi delle anime, il massimo vantaggio con il minimo sforzo, in definitiva. Solo che il *suca*, non provenendo dalla Chiesa, sembra più che altro attingere a un inconscio collettivo junghiano.»

«Insomma, il *suca* è l'alfa e l'omega di ogni comportamento umano.»

«Umano fino a un certo punto, dal momento che mi pare di intuire che l'impianto teoretico del *suca* non contempli l'universo femminino.»

«Traduci.»

«L'uso del *suca* riguarda esclusivamente gli uomini...»

«È così, è uno dei misteri del *suca*, se lo usa una donna come per incanto il *suca* perde la sua efficacia, letteralmente non funziona più. Se una donna per sbaglio dovesse pronunciarlo, tutti rimarrebbero a guardarla in silenzio, come se avesse parlato in una lingua sconosciuta. Ma ora, filosofo, ti pongo un quesito io.»

«Dimmi.»

«Quando hai una penna nuova fra le mani, e la vuoi provare, che cosa scrivi?»

«Be', scrivo il mio nome» risponde senza esitazione Diego.

«Banale, il *suca* è molto meglio del tuo nome, anzi di qualsiasi nome... un palermitano dovrebbe fare uno sforzo enorme per scrivere altro; se ci pensi è la parola perfetta per provare una penna, con tutte quelle curve... la S... la U... la C... Anche se esiste qualche imbecille che tenta di emularci e lo scrive con la K al posto della C, e questo è annoverabile tra i crimini contro l'umanità. Comunque, il palermitano non potrebbe scrivere altro, di questo sono certo. I palermitani al *suca* non sanno resistere.»

«Come i presocratici davanti a un paradosso, tipo Zenone, quello della tartaruga che è più veloce di Achille o della freccia che è in movimento ma in effetti è immobile.»

«Conosco la storia della lepre e la tartaruga, ma che ci fosse pure Achille non lo sapevo» ammetto, confuso da quel triangolo.

«Zenone affermava che se Achille piè veloce corresse contro una tartaruga concedendole un piede di vantaggio, non riuscirebbe mai a raggiungerla, perché una volta raggiunta la posizione occupata dalla tartaruga, quella sarà avanzata raggiungendo un'altra posizione che la farà rimanere in vantaggio. Quando Achille, raggiungerà a nuova posizione della tartaruga, sarà avanzata in un'altra posizione, sempre in vantaggio su Achille. E così accadrà per tutte le posizioni che la tartaruga raggiungerà. La distanza fra i due si accorcerà sempre, ma la tartaruga resterà sempre in vantaggio.»

«A me sembra più probabile che Achille calpesti la tartaruga... E la freccia immobile invece che c'entra?»

«La freccia sembra in movimento ma in realtà è immobile, perché in ogni istante occuperà solo uno spazio che è quello della sua lunghezza... E siccome il tempo in cui la freccia si muove è fatto di singoli istanti, lei sarà immobile in ognuno di essi.»

«Quindi se uno mi dovesse scagliare contro una freccia, io non mi muoverei, tanto è immobile. Se mi dovessero chiedere "Ma perché non scappi?" risponderei "Tranquilli, la freccia è immobile, me l'ha detto Zenone". Ma poi di dov'era 'sto Zenone?»

«Zenone di Elea.»

«Sempre Elea... Certo che se a Elea avessero avuto la Playstation, avrebbero pensato un po' di meno. 'Sti filosofi devono avere avuto un'infanzia problematica.»

Diego scoppia a ridere.

«Non sai quanto hai ragione! Comunque i presocratici costituiscono la base di tutte le filosofie.»

«Se lo dici tu mi fido, e poi in fondo io mi sento un presocratico del *suca*, e sono pure terrone come loro.»

«Fidati, sarò biondo e con gli occhi azzurri, ma di filosofia me ne intendo.»

«E poi noi terroni siamo ovunque, ti dirò di più, secondo me nel 1901 nella stazione di Poldhu in Cornovaglia, c'era di sicuro un palermitano a pigiare il tasto.»

Diego mi guarda per un attimo perplesso, poi capisce e si illumina: «Ah! Stai parlando del primo segnale radio che ricevette Guglielmo Marconi sull'isola di Terranova... è vero, il primo messaggio era una lettera S».

«Per forza, il povero palermitano riuscì a mandare solo la lettera S perché lo bloccarono e non riuscì a completare il messaggio che era ovviamente SUCA.»

Una voce riecheggia dall'interno della casa.

«Ehi, ma di cosa stavate parlando così seriamente?» chiede Carlo, facendo capolino dall'uscio della cucina. «Vi si sente da sotto...»

«Siete già tornati?» chiedo sorpreso e dando una rapida occhiata all'orologio.

«Sì, mentre Valerio metteva la granita nel freezer io ho origliato un po'. Ma non ho capito niente» confessa.

«Parlavamo del *suca* e della sua magia» rispondo sorridendo.

«Ma cosa ci sarebbe di magico nel *suca*?» chiede lo psicologo.

«Magia non è il termine giusto, la parola più adatta è... sacro» spiego, girandomi a guardare il cielo oramai di un colore blu scuro e profondo.

«Addirittura sacro? Qui entriamo nel teologico» considera Carlo.

«Esatto, in fondo il *suca* può essere considerata anche una religione. Una religione monoteista.»

«Siamo in piena eresia» puntualizza il filosofo.

«Il *suca* è l'oppio dei popoli!» replica sorridendo lo psicologo. Intanto Valerio si affaccia dalla porta della cucina e fa per raggiungerci, ma subito lo blocco: «Mi faresti una cortesia?».

«Pronti!» risponde l'architetto, ma con la sua aria sempre un po' indolente.

«Visto che ho le mani luride, andresti a prendere nella credenza due calici per te e Carlo, così finiamo la bottiglia e facciamo un brindisi. La discussione necessita di alcol, poi aspettiamo sempre mio fratello con i rinforzi.»

«Mi pare una giusta causa» aderisce Valerio, tornando in cucina.

«Guardate che ci sono anche degli eventi soprannaturali legati al *suca*» riprendo.

«Soprannaturali? Raccontaci» invita lo psicologo.

«Io e mio fratello avevamo un mezzo parente che era analfabeta. Non sapeva né leggere, né scrivere, si chiamava Luigi.»

«Ancora oggi esistono persone così?» domanda Diego.

«Da noi c'è di tutto, visto il livello avrebbe corso il rischio di diventare sottosegretario agli esteri» replica Valerio, tornato sulla terrazza coi due calici.

«Grazie, riempi i bicchieri. Comunque, Luigi non sapeva né leggere né scrivere. Non leggeva nulla, tranne una parola. Indovina quale? *Suca*. Quella la riconosceva subito ed era anche in grado di scriverla; un vero e proprio miracolo.»

«Dopo *Miracolo a Milano*, *Miracolo a Palermo*» sghignazza lo psicologo, versando a tutti il poco vino rimasto.

«Non scherziamo, io credo davvero nel *suca*. Guardate che ha il potere di unire le persone, di abbattere barriere e unire le culture.»

«Voi non c'eravate, ma più andiamo avanti più il *suca* assume la struttura di una filosofia monumentale...» Diego mi strizza l'occhio, ma io dissento.

«Non direi, la filosofia mi è sempre sembrata un susseguirsi di teorie complicate e inutili, il *suca* invece è la sintesi suprema di una filosofia utile, anzi utilissima, grazie alla quale la gente vive realmente molto meglio...»

«Ma sei sicuro?» chiede Carlo con una smorfia perplessa.

«Assolutamente. Adesso provo a spiegarmi, ma prima sedetevi, messi così in piedi mi fate pensare a una cerimonia del Ku Klux Klan.»

Il filosofo si accomoda prontamente sulla sdraio, gli altri due sulle sedie.

«Così va meglio. Adesso vi faccio un esempio: se allo stadio un individuo qualunque, che ne so, un impiegato dell'ESA, che non è la European Space Agency, bensì l'Ente sviluppo agricolo della Regione Sicilia, all'improvviso, durante la partita, urlasse a squarciagola "*Aibbitro... sucaaaaa!*", riderebbero tutti; dal nobile principe siciliano erede del Gattopardo al meccanico di

Ballarò, dall'avvocato penalista al "panellaro" della Vucciria, dal notaio di via Libertà all'assicuratore delle Generali agenzia Palermo Est. Per un momento sarebbero tutti uniti e si sentirebbero fratelli, sarebbero tutti pervasi da un sentimento di pace e uniti come una sola cosa, e tutto in nome del *suca*.»

«L'unione fa la forza e il *suca* fa l'unione, dunque il *suca* fa la forza» chiosa Valerio, sorseggiando il rosé.

«Un sillogismo aristotelico!» si entusiasma Diego. «Comincio a sentirmi circondato, ora mi diventa un filosofo pure l'architetto?»

«Tutti per uno, *suca* per tutti» replica l'architetto.

«Nonostante la pessima battuta di Valerio, il *suca* permette di elevarti e trascendere la dimensione terrena» dico riportando la conversazione su un piano più spirituale. «Con un *suca* detto nel modo giusto e al momento giusto, anche un autentico imbecille riesce a elevarsi.»

«In che senso?» fa Diego.

«Adesso voglio essere serio. Nel momento in cui si urla "*Suca!*", perché ricordatevi che il *suca* deve essere urlato affinché sortisca un maggior effetto, ci si sente potenti, invincibili e si raggiunge un'estasi mistica.»

«Un po' come i monaci esicasti del monte Athos o l'ordine dei Mevlevi, in Turchia, i dervisci che praticano la celebre "danza turbinante" per raggiungere l'estasi: le famose "danze *sufi*"» precisa Diego.

«Tutte parole che cominciano con "su", comunque. Radice comune» interloquisce a sorpresa Carlo, che sembrava perso dentro i suoi pensieri.

«Comunque, per farvi capire meglio il *suca* dovremmo portarvi allo stadio» propone più semplicemente Valerio.

«Buona idea, ma perché proprio allo stadio?»

«Perché vi faremmo sentire tutta la curva che a ogni rinvio del portiere dal fondo urla come un solo uomo "*Suca!*", e la curva opposta che risponde "Forte!"... poi si va avanti con trivialità irripetibili ma tutti sono felici, anche se il Palermo sta perdendo. Una cosa da brividi, un vero e proprio atto liberatorio» spiega l'architetto.

«Migliaia di persone tutte unite dal *suca*» riepiloga Diego, obbligandomi a intervenire.

«Unite, felici ed eguali, caro filosofo. Vedi, con un semplice *suca* si sarebbe potuto realizzare il socialismo ed emancipare le classi lavoratrici. Se Marx al posto del *Capitale* avesse scritto *Il suca* ora vivremmo in un mondo diverso e sicuramente migliore. Magari con il *suca* il comunismo avrebbe funzionato.»

«Ah, su quest'argomento potremmo organizzare una conferenza internazionale» propone lo psicologo, addentando un altro pezzo di pane rimacinato.

«Ho già il titolo: *Sei Un Comunista Autentico*... La sinistra di tutto il mondo unita dal *suca*» propone Valerio.

«Unire la sinistra? Questo sì che sarebbe un vero e proprio miracolo» commenta a denti stretti Diego.

«Guarda che con il *suca* si potrebbe realizzare non solo un vero socialismo, ma anche la fratellanza fra i popoli...» sentenzio dopo l'ultima sorsata.

«E che altro? Vuoi la pace nel mondo come le miss?» ridacchia Carlo.

«In un certo senso sì. Abbiamo appurato che il *suca* non divide ma unisce.»

«Continua...» sollecita il filosofo con un rapido cenno della mano ma iniziando a tossire, dato che un goccio di rosé gli è andato di traverso.

«Certo, però non ti affogare. Allora, grazie al *suca* io sto parlando con te che sei diverso da me.»

«Diverso...» tossisce ancora «...nel senso dell'orientamento politico, vuoi dire?» chiede rosso in viso.

«No, in quanto sei biondo e con gli occhi azzurri. E poi ancora con questa politica fatta di diversità, destra e sinistra, non se ne può più... il *suca* non è né di destra né di sinistra» taglio corto. «Davanti alla scritta DUX SUX riderebbe anche Ignazio La Russa. Destra e sinistra sono due universi ideologici che portano alla divisione, alla disgregazione, mentre il *suca* porta all'unione e all'aggregazione...»

«Un po' come nella filosofia del grande Hegel» interviene Diego. «Tesi, anti...»

«Tesi, antitesi e *suca*, esatto!» completo la frase.

«Ci manca solo che il *suca* porti pace e amore» chiosa beffardo Carlo.

«Il *suca* porta infatti pace e amore» affermo serio e agitando le mani di nuovo piene di gamberi.

«Mettete dei *suca* nei vostri cannoni» sentenzia Valerio.

«Mi sembra di essere davanti a un messia siciliano» Diego scuote la testa.

«Perché? Non potrebbe esserci un messia siciliano? Di sicuro userebbe il *suca* come messaggio di pace, amore e fratellanza» ribadisco.

«Forse qui stiamo esagerando» fa Carlo, strappando un altro bel pezzo di pane dal filone.

«Dite che mi sono fatto prendere un po' la mano?»

«Direi di sì, anche se l'immagine di un messia siciliano che usa il *suca* è interessante, sembra un film di Ciprì e Maresco» considera Diego. «Tuo fratello, a questo proposito, mi ha aperto un mondo con il cinema di Ciprì e Maresco, con *Il ritorno di Cagliostro* in particolare.»

«Comunque non scherzo quando parlo di questi argomenti. E penso che anche in politica si potrebbe fare molto col *suca.*»

«Ai comizi è comunque molto opportuno. Il politico promette lavoro e tutti in coro: "*Sucaaaaa!*"» dice Valerio portandosi la mano alla bocca a mo' di megafono.

«Non è solo questo» replico «... bisognerebbe partire dalla base. La nostra dovrebbe essere una repubblica non fondata sul lavoro, frase che, se l'analizzi attentamente significa poco o nulla, ma fondata sul *suca*, e allora sì che tutto avrebbe un senso. Così si realizzerebbe una rivoluzione totale che porterebbe l'Italia ai vertici della civiltà.»

«L'alcol sta facendo il suo dovere» constata l'architetto.

«Avete sentito come suona bene?» dico. «A me sembrava di aver visto la luce quando arrivò il PDS: Partito del *suca*. Poi scoprii che erano i Democratici di sinistra e ci rimasi malissimo.»

«Quindi secondo te, se nel '45 i padri costituenti si fossero ispirati al *suca* avremmo avuto un paese diverso, un paese migliore» provoca Carlo.

«Certo, la gente sarebbe più serena e unita, il *suca* può davvero cambiare le cose.»

«Ma non avevi detto che eri contro il cambiamento?» obbietta Diego.

«Sembri mia moglie, che si ricorda tutto quello che dico.»

«È una prerogativa dei filosofi prestare attenzione alle parole.»

«Non sapevo che anche mia moglie fosse un filosofo. Comunque, con il *suca* non avremmo solo un paese migliore, ma anche un mondo migliore.»

«Addirittura!» esclama Carlo, masticando oramai in continuazione.

«Certo, pensa che effetti avrebbe avuto il *suca* sull'umanità se lo avessimo usato da sempre.»

«Anche io la penso così» annuisce Valerio.

«Cioè? Spiegatevi meglio tutti e due.»

«Partiamo dall'inizio...» comincio.

«Cominciamo dalla primissima storia, quella da cui discendono tutte le altre» poso il gamberone per concentrarmi meglio sul discorso. «Adamo ed Eva. Ebbene, se Adamo fosse stato palermitano noi saremmo ancora nel paradiso terrestre.»

«Già fa ridere così» sghignazza Diego.

«C'è poco da ridere. Provate a visualizzare la scena: il primo uomo e la prima donna...» racconto, mentre tutti mi fissano «... "Adamo, amore, mi prenderesti quella mela?" e Adamo, siccome è palermitano, risponde: "*No, mi siddìa*", cioè "mi secca", perché il palermitano è un po' così, pigro. Ma sapete come sono fatte le donne, non mollano mai. Così Eva avrebbe continuato: "Adamo, ti ho detto di prendermi la mela! Se mi ami devi farlo!" A quel punto Adamo, dopo averla fissata negli occhi, con uno sguardo di superiorità, avrebbe esclamato: "*Suca!*" e tutto sarebbe finito lì.»

«Poi gli dovevi mandare lo sfratto esecutivo per cacciarli dall'Eden» commenta Valerio.

«La cosa che più mi preoccupa è la tua assoluta serietà nel sostenere queste tesi» osserva il filosofo, cercando con lo sguardo l'approvazione degli altri.

«Certo che sono serio. Ci vuole serietà quando si parla del *suca*, perché una volta che accetti le sue regole non si torna più indietro» ammonisco. «Per dirla alla Giulio Cesare: "*Suca jacta est*".»

«Non aveva detto "*Veni, vidi, suca*"?» rilancia Valerio.

«Da filosofo e amante della storia, devo ammettere che le frasi storiche col *suca* sono molto divertenti» concede Diego.

«Ricordo che a scuola ci divertivamo con le frasi in latino: "*Ubi maior minor sucat*"» declamo.

«"*Non auro, sed suca patria recuperanda est*"» recita Valerio.

«"*Qui gladio ferit, suca perit*"» s'inserisce stavolta Diego.

«"*Timeo danaos et suca ferentes*"» motteggia nuovamente l'architetto.

«"*Nunc est sucandum!*"» rispondo con enfasi, alzando il bicchiere purtroppo vuoto. «Il mio professore di latino al liceo, che era veneto, fece una sua versione del *De bello gallico* e ci diceva sempre: "*Trinacria est omnis divisa in partes tres, quarum unam incolunt sicani, aliam panormitani, tertiam qui ipsorum lingua siciliani, nostra terroni appellantur*". E noi studenti in coro: "*Sucaaaa!*"». Io, Valerio e Diego scoppiamo a ridere ma Carlo s'imbroncia.

«Perdonatemi ma non ho fatto il latino al liceo, oltre a essere psicologo sono un perito informatico e così mi sento escluso.»

«Allora: la Trinacria è divisa in tre parti» traduce Valerio «delle quali in una abitano i sicani, nell'altra i palermitani, nella terza quelli che nella loro lingua si chiamano siciliani, nella nostra terroni.»

«Ammetto che con qualche *suca* sparso qua e là, la storia avrebbe potuto essere diversa» concede Carlo.

«Non c'è dubbio. Pensa solo se Garibaldi, al posto del celebre "Obbedisco", al generale La Marmora avesse risposto: "*Suca!*"... e di episodi come questo la storia è piena... Tutto sarebbe cambiato e vivremmo in un mondo completamente differente. Immagino Annibale davanti alle Alpi, uno dei suoi generali che gli chiede: "Annibale, ma come faremo ad attraversarle?" e lui guardandolo con disprezzo esclama: "*Aut inveniam viam, aut suca*", così la traversata delle Alpi avrebbe assunto tutta un'altra atmosfera.» Punto il dito contro Diego, l'uomo che ha dato origine a tutto questo discorso. «E anche per te, caro il mio filosofo, col *suca* imperante sarebbe stato tutto diverso.»

«Per me? Che c'entro io?»

«Sei o non sei un filosofo con gli occhi azzurri e i capelli biondi?» chiedo.

«Direi di sì, quindi?»

«Con il *suca* la filosofia avrebbe avuto un altro corso...»

«Be', su questo dissento.»

«Dissenti? Scusami ma il filosofo cosa fa? Fa domande e cerca risposte, no?» chiedo, cercando il consenso degli altri.

«Diciamo di sì» concede Diego

«Ecco il *suca* è la risposta a tutti gli interrogativi.»

«Questo mi sembra eccessivo» replica il filosofo.

«Diego, io ti sfido. Proponimi dei quesiti filosofici e io troverò la risposta giusta a ogni domanda.»

«Va bene, proviamo.» Aggrotta la fronte per qualche istante e poi formula la prima domanda non senza solennità: «Perché esiste l'ente anziché il nulla?».

«Perché esiste l'ente anziché il nulla?» ripeto la domanda ad alta voce, poi con altrettanta solennità: «*Suca!*... e la discussione finisce qui, vai avanti».

«In effetti in questi termini continuare il dibattito sarebbe impossibile e anche improduttivo. Allora, proviamo con questa... L'essere umano è dotato di libero arbitrio?»

«*Suca!*... Questa era facile.»

«C'è vita dopo la morte?»

«*Suca!*... e dai, fammene una più difficile»

«È nato prima l'uovo o la gallina?»

«*Suca!*» esclamano tutti in coro.

«Lo vedi, mio caro filosofo? Dopo il *suca* non c'è più alcun dubbio, solo certezze e la discussione è terminata.»

«Con il tuo approccio probabilmente sarebbe d'accordo Wittgenstein: "Su ciò di cui non si può parlare... *suca*"» si arrende il filosofo.

«Era un uomo saggio, Wittgenstein» annuisco.

«Ti potrei anche definire un neoplatonico del *suca*» prosegue Diego quasi con un ripensamento.

«Mi piace l'idea di essere un neoplatonico, ma in che modo lo sarei?»

«Diversi modi» risponde Diego. «Per esempio Platone diceva che per ogni problema ci sono tre soluzioni, la mia soluzione, la tua soluzione e quella giusta. Cioè il *suca*, anche se Platone non era arrivato a capirlo.»

«Minchia, ho sempre sospettato di essere un neoplatonico ma tu mi hai dato la certezza» dico. «Valerio, anche tu a occhio e croce mi sembri un neoplatonico.»

«E i neoplatonici come noi vanno sempre in coppia. Me lo metto nel biglietto da visita: ARCHITETTO NEOPLATONICO...»

«Mi chiedo come farei a spiegare tutto ciò ai miei studenti» sospira Diego.

«A questo punto mi sembra di capire che il *suca* sia trasversale e vada bene un po' su tutto» interviene Carlo, infilandosi in bocca un'oliva.

«Dirò di più, un *suca* è come un diamante: è per sempre» rincaro la dose. «Ma non vi ho detto ancora tutto. C'è un'ultima cosa importante che dovete sapete sul *suca*.»

Li guardo a uno a uno scoprendo con un certo piacere che tutti pendono dalle mie labbra. Potere del *suca*.

«Dovete sapere» riprendo «che quando si è bersaglio di un *suca*, si deve sempre rispondere. Va fatto per forza, altrimenti per tutta la vita si resterà tormentati.»

«Spiegati meglio, che a questo punto mi sento chiamato in causa anch'io» mi esorta lo psicologo, portando il pugno alla bocca per sputare il nocciolo dell'oliva.

Aspetto qualche secondo prima di rispondere: «Vi faccio un esempio pratico, a prova di filosofo e pure di psicologo. Se, per esempio, uno urlasse il tuo nome: "Diegooo!"...» dico indicandolo «... e facesse seguire immediatamente un bel "*Suca!*", tu, per salvarti, dovrai immediatamente rispondere: "Forte!", senza esitazioni».

«Dicendo "Forte!", mi salverei... da cosa, scusa?» chiede con aria quasi preoccupata il filosofo.

«Non ti deve interessare, è un atto di fede, va fatto e basta. Quel "Forte!" ti mette automaticamente allo stesso livello di chi ti ha urlato "*Suca!*".»

«Ma perché mai uno dovrebbe urlarmi "*Suca!*"?»

«Fai troppe domande.»

«Ma è il mio lavoro...»

«Ma qui sei in vacanza e devi attenerti alle tradizioni locali» obbietto. «Questa è una cosa che ci hanno tramandato i padri quindi sarà sicuramente giusta. Comunque, ci sono altre formule per salvarsi dal *suca*, formule che si sono evolute negli anni, ma "Forte!" resta sempre la più efficace.»

«Altre formule, del tipo?» fa Diego.

«Te ne dico solo una: "*Diego suca*", e dopo tu potresti anche rispondere: "*A mmia i u duca*".»

«Cioè "A me e al duca"?» chiede il filosofo, indicandosi il petto con entrambe le mani.

«Sì!» diciamo io e Valerio all'unisono.

«E perché al duca? Quale duca? Forse un atto di ribellione contro la nobiltà latifondista che dominava la Sicilia nel Cinquecento?» cerca di capire Diego.

«Della nobiltà latifondista ce ne siamo fottuti nel Cinquecento, figurati adesso. Fa solo rima con *suca*...» risponde Valerio.

«Mi sembra giusto» commenta Carlo, tornando dalla cucina con una scodella piena di carciofini in agrodolce.

«Infatti... Comunque, ricordati che di

fronte a un "*Suca!*" si risponde subito con "Forte!"» riassumo brevemente. «Bisognerebbe insegnarlo con l'educazione civica, così lo saprebbero tutti. O forse potrebbe aiutarci il cinema.»

«Il cinema?» si stupisce Carlo, addentando un carciofino.

«Certo. Se le scene più famose dei film fossero state scritte nel modo giusto, oggi i giovani avrebbero una migliore educazione al *suca*» dichiaro.

«In che senso? Non ci arrivo» Diego aggrotta le sopracciglia, ma anche gli altri sembrano poco convinti.

«Solo perché sei ancora un neofita del *suca*» concedo. «Ricordi la scena più famosa di *Blade Runner*? Quella in cui Rutger Hauer, che è un replicante, tiene per un braccio Harrison Ford, sospeso nel vuoto dal tetto di un palazzo sotto la pioggia?»

«Certo, una scena mitica» concorda Diego.

«Ecco, ora prova a immaginare...» continuo «... il replicante che recita il famoso monologo: "Io ne ho viste cose che voi umani non potreste immaginarvi. Navi da combattimento in fiamme al largo dei bastioni di Orione. E ho visto i raggi B balenare nel buio vicino alle porte di Tannhäuser. E tutti quei momenti andranno perduti nel tempo come lacrime nella pioggia. È tempo di morire..." Pensa a Harrison Ford che lo guarda fisso negli occhi e, dopo qualche secondo, gli risponde: "*Suca!*". Sarebbe stato un capolavoro assoluto.»

«Non posso darti torto» afferma Valerio, sollevando il calice.

«E naturalmente ce ne sono a decine, di frasi storiche perfezionabili: "Al mio segnale scatenate il *suca*", "E.T. telefono *suca*"...»

«Per tacere del famoso "Francamente, me ne infischio" di Rhett Butler a Rossella che in *Via col Vento* gli chiede che ne sarà di lei» aggiunge Valerio entrando nella parte.

«Quella nel copione originale era senz'altro: "*Suca!*"» annuisco. «Poi hanno fatto fuori lo sceneggiatore palermitano.»

«Potresti farci una serie per Netflix. O anche gli Oscar del *suca*» propone Carlo.

«Dopo la Palma d'oro, il Nastro d'argento, il Leone d'oro, l'Orso di Berlino... Il *Suca* di platino!» esclama Diego.

In quel momento, quasi a smorzare il suo entusiasmo da neofita, sento abbaiare il cane.

«Mi sa che è arrivato mio fratello con i vini» decodifico.

«Questo cane è meglio di un citofono» osserva Valerio, laconico come sempre.

Mio fratello Silio sale le scale portando una cassetta di vini, saluta con un cenno del mento, tira fuori le bottiglie e inizia a disporle sul tavolo.

«Ti sei perso una bella discussione...» lo informa Carlo con la bocca ancora piena.

«Su cosa?»

«Sul *suca*...» risponde. «Un concetto, a quanto pare, più profondo del previsto.»

«Sembrate usciti da un dramma di Pirandello: *Sei personaggi in cerca di un* suca» fa Silio.

«Cinque, semmai. Ma dato che ci siamo dicci che cos'è per te il *suca*!» lo interroga Diego, che ormai evidentemente sul *suca* vuole prenderci la seconda cattedra.

«*Suca*? Il bisillabo con cui il popolo siciliano mitizza se stesso...» risponde Silio, stappando una bottiglia di Riesling Planeta. «Un po' lo stesso meccanismo del teatro dei pupi, in cui vengono rappresentate le mirabolanti gesta dei paladini di Francia. Solo che il *suca* ama il silenzio. Attraverso l'ubiqua e ossessiva proposizione del *suca...*» fa un cenno a Carlo per indicargli di prendere la prima bottiglia e servire i presenti «... il siciliano traveste da invito sessuale il suo *tedium vitae* e lascia occhieggiare il suo irredimibile pessimismo storico.»

«Minchia, parlava così anche da bambino... è mio fratello» dichiaro orgoglioso.

«Ehi, guarda che il filosofo sono io!» puntualizza Diego. «Comunque finalmente ti sento parlare della tua Sicilia.»

«Un antico proverbio russo dice che della Russia possono parlare male solo i russi» risponde Silio. «Della Sicilia possono parlare male tutti, ma possono tacere solo i siciliani.»

«E del *suca*?» scappa a Diego.

«Tutti, tranne i filosofi!» replica Silio sorridendo.

«Ho capito, vado a farmi la doccia prima di cena, che è meglio» conclude il filosofo avviandosi verso la grande porta a vetri del terrazzo.

«Diego!» lo chiamo ad alta voce.

«Sì, che c'è?» chiede girandosi.

«*Sucaaaa!*» gli urlo a squarciagola.

«Forte!»

Mentre si allontana rivolgo agli altri lo stesso sorriso, che è anche quello di chi ha finito di pulire sei chili di gamberoni.

«Bene, ho creato un mostro!» concludo.

Questo libro è stampato fabbricato da Grafica Veneta S.p.A.
con un processo di stampa e rilegatura certificato 100% carbon neutral
in accordo con PAS 2060 BSI

Finito di stampare nel mese di settembre 2022
per conto di RCS MediaGroup S.p.A.
da Grafica Veneta S.p.A., Via Malcanton 2,
Trebaseleghe (PD)
Printed in Italy

FRANCESCO BOZZI

Filosofia del suca

SOLFERINO

SOLFERINO

www.solferino.it

Pubblicato in accordo con
Grandi & Associati, Milano

ISBN 978-88-282-0961-4
Prima edizione: giugno 2022
Seconda edizione: settembre 2022